楽しい「サロン」活用法

希望多老人
KIBOTAROJIN

文芸社

【はじめに】

私は長年、児童福祉の分野で子どもたちの幸せのために情熱を捧げ、定年退職後は地域のボランティア活動に力を注いできました。そのおかげでいろいろな人との出会いがあり、交流も広がり、また多様な活動を通じて社会におけるさまざまな課題にも気づかされるようになりました。なかでもいま強く感じているのは、私と同世代である高齢者の人たちがもっと楽しく元気に過ごせる社会であるといいなぁということです。

時代の移り変わりはとても速く、現代では特にパソコンやスマートフォンなどが普及し情報化社会がどんどんと進化していくなかで、高齢者は社会での孤立感を高めているように感じます。近年は子世代の家族と同居している高齢者は少なく、一人暮らし高齢者や高齢者世帯も珍しくありません。さらに2020年初頭から世界中に吹き荒れた新型コロナウイルス感染症の猛威が社会に人と会わない、会えない環境を生み出し、一度途切れた交流をなかなか取り戻せない人も多くいます。

人がどんどん孤立していく社会――。特に高齢者の孤立はうつ病や認知症のリスクを高め、孤独死の原因になるとも言われています。こうした状況に国や厚生労働省、自治体などでは以前からさまざまな対策を取っています。その一つがこの本で取り上げている「サロン」です。

私がサロンに興味を持ったのは20年以上も前。きっかけは当時取り組んでいた青少年育成アドバイザーの活動で、国立オリンピック記念青少年総合センターで行われた日本青少年育成学会に出席したことです。そこでNPO法人全国生涯学習まちづくり協会の理事長で聖徳大学の教授でもあった福留勉先生の講演を拝聴し、新しいまちづくりの話にとても感銘を受けました。

それをご縁に福留先生と連絡を取るようになり、先生にすすめられてまちづくりコーディネーター講座を受講し、その資格を取得しました。さらにここで学んだことを生かしたいと考えて活動をはじめ、2005（平成17）年に名古屋市では初めての高齢者サロン『創年のたまり場』を開設しました。

その後、長年にわたるサロン活動はまさしく山あり谷あり……。笑顔もあれば、涙もありました。それでもサロンでの活動を通して得られたさまざまな心を揺さぶる感情は、生きていることの実感、感動にもつながっていきました。またそれは私一人のものではなく、サロンを通じて出会った人々の心にも同様に、さざ波の如く波打ち、豊かな感情が広がっていったと確信しています。

このようにサロンにはすばらしい効用があります。ところが国が推奨するサロンについてまだまだ知らない高齢者が多いことが残念でたまりません。

20年間実践してきた小野碩鳳だからこそ伝えられるサロンの魅力をこの本を通じてぜひ感じていただき、「こんなことをやりたい！」「仲間と○○を広めたい！」とサロン活動のきっかけになってほしい。

この本を読んでサロンへの理解を深め、あなたと、あなたのまわりの仲間たちと共にサロンの輪が広がっていくことを望んでいます。

著者

【著者がサロンを始めるにあたって受けた研修】

- 平成16年2月29日　第14回 第12号
  特定非営利活動法人　全国生涯学習まちづくり協会
  「まちづくりコーディネーター養成講座」課程修了

- 平成18年5月14日　第19回　第9号
  特定非営利活動法人　全国生涯学習まちづくり協会
  「まちづくりコーディネーター養成講座」課程修了

- 平成18年5月14日 平成18年度 第1回
  特定非営利活動法人　全国生涯学習まちづくり協会
  「旅のもてなしプロデューサー養成講座」課程修了

- 平成20年度
  公益財団法人　さわやか福祉財団
  「サロン・居場所講座」受講

〈目　次〉

【第1章】

サロンって何？

国内で 1994 年からスタートしたサロン事業。
人と人とのつながりが薄れていく社会で、
楽しい仲間たちの集まりを創出しています。

■サロン誕生の背景

「サロン」と聞いてあなたは何を思い浮かべますか。もしかしたら女性向けの美容室などのビューティーサロンやネイルサロン、あるいは体の調子を整えるフィットネスサロンなどをイメージされるかもしれません。

しかし「サロン」という言葉は本来、応接室や談話室を意味するフランス語で、貴族が宮廷や自分の邸宅にゲストを招いて交流する社交の場の名称として誕生しました。そこから「特定の趣味や関心を持つ人たちが集まり、おしゃべりなどをして交流を図る場」がサロンと呼ばれるようになったのです。さらに日本では、美容に関心の高い女性たちがキレイになるための場所というようなイメージで、「サロン」という言葉が一般的になって広がっていったようです。

さてこの本で取り上げている「サロン」とは、本来意味するところは人々が集まり、おしゃべりなどを楽しむ社交の場のことです。その原点として、国内で1994（平成6）年に『ふれあい・いきいきサロン』事業が立ち上がり、それ以降、全国社会福祉協議会が中心となって活動が推進され、全国各地でさまざまなサロンが誕生するようになったことがあります。

国がサロンづくりをけん引した背景には、昭和から平成、令和へと時代が移り変わる中で、家族や地域社会の在り方が変化していったこと考えられます。

かつては隣近所とは誰もが顔見知りで、いつも声を掛け合い、互いに助け合う関係で、密度の濃いつながりがありました。しかし現代社会はどうでしょう。特に都心部では、お隣さんと顔を合わせてもあいさつ程度、名前も知らないご近所さんも多くいるような環境がほとんどではないでしょうか。

一緒に暮らす家族もサザエさん一家のような三世代がにぎやかに共に暮らす家庭は数少なくなり、親子二世代の核家族がすすみました。その結果、高齢者だけの夫婦、高齢者の一人暮らしも多くなっています。

地域のネットワークがどんどんと弱まっていくなかで、高齢者のみの家庭が増え、困ったことが起きても相談する人がいない、助けてもらう人がいないというような高齢者の孤立化がすすみ、社会でもそれが問題視されるようになったのです。

人間同士のつながりが失われつつある時代に、どのようにして人と人を結び付けていくか――。その取り組みの一つとしてスタートしたのが『ふれあい・いきいきサロン』事業です。

■サロンの定義

全国社会福祉協議会が推進する『ふれあい・いきいきサロン』では、「サロン」を次のように定義しています。

1．定義――「サロン」とは、地域の人々の交流を目的として集まる場所のことです。
2．名称――「サロン」は、全国社会福祉協議会が「ふれあい・いきいきサロン」を提案した時から使われた表現で、人が楽しみを求めて集まり交流する場所という点に重点が置かれています。
3．場所――集会所や公民館、多目的ホール、個人宅など、一定の日時に交流目的に使用することができること。
4．運営者――資格はいりません。法人、個人も問いません。
5．地域の人々――「地域」は、そこに住む人々がそこに住むことによって一体感をもつような範囲の地域。客観的には日常に通える地域をいいますが、特定の駅で乗降する人々のための居場所のように市町村域を越えるものもあります。
「人々」は必ずしも完全に不特定の人である必要はなく、「高齢者」「障害者」などの属性が特定されていても認められます。
6．交流の目的――「交流」は交わり、コミュニケーションを図ることですが、短時間に多くの人とコミュニケーションをとることだけではなく、気の合う人とゆっくり話したり、話し合う気が起きない時はその場にいるだけでも無言の交流は生まれます。
地域における互助の振興を目標とすることがサロンの特徴です。

■サロンの種類

『ふれあい・いきいきサロン』の事業では、地域でのふれあい、交流の場として次の４つのタイプのサロンに分類しています。

- **高齢者サロン**

  高齢者が主体となって活動します。おしゃべりをしたり、共通の趣味を楽しんだりして交流します。高齢になると人との交流が減って家にこもりがちになりやすいため、社会との接点を増やして孤立化を防ぎます。介護予防や認知症予防としても効果的です。

- **子育てサロン**

  子育て中の親子が集まって、おしゃべりをしたり子どもと一緒に遊んだり、情報交換をしたりします。孤立してしまったり、悩みを抱えているお母さんやお父さんを支援して、子育てを応援します。

- **障害者サロン**

  障害者の人たち同士が交流を深めたり、ボランティアの人と一緒に活動をします。

- **共生型サロン**

  高齢者、就学前の親子、障害者のいずれかを含み、地域住民の交流を目的として地域の誰でも参加できるサロンです。趣味や関心事などを通して、年齢などに捉われない多様な仲間づくりをすることができます。

■高齢者サロンの効果

全国で実施されている『ふれあい・いきいきサロン』事業では、高齢者サロンが８割以上を占めています。特に高齢者向けのサロンが広まっているのは、仕事や子育てなど社会との接点が少なくなりがちな高齢者が、外出をして人々と交流を深めることができ、寝たきりや認知症の予防にも効果が期待されているからです。

高齢者サロンの効果としては主に次のようなものがあります。

●仲間づくりができる

高齢になると、どうしても交友関係が狭まってしまいます。サロンではこれまで出会っていなかった人たちと出会い、知り合うことで豊かな人間関係をつくることができます。

交流していく中で、人間関係が深められ信頼関係を構築していき、互いに相談したり、悩みを共有したりすることで、支え合いの輪が広がります。

●　孤立・閉じこもりの防止

用事がないと、どうしても家にこもりがちになってしまいます。近くに集う場所があることで、外に出ようという気分になり、外出する機会が増えます。そこで人と交流することで、孤立感が軽減されます。

● さまざまな情報が得られる

参加者同士、異なる興味や関心事などについておしゃべりすることで、新しい情報に触れることができます。今まで知らなかったことにも関心が持てるようになり、視野や活動の幅など自身の世界が広がります。

● 介護予防・認知症予防になる

サロンでは自然と参加者同士で一緒に体を動かしたり、おしゃべりをしたり、笑いあったりする時間が増えてきます。自宅で過ごすよりも身体活動量が増えて脳も刺激されるため、介護予防や認知症予防につながります。

国立研究開発法人日本医療研究開発機構の研究によると、サロンに参加している人は要介護認定率が抑制される傾向があり、人と多く交流する人は、要介護や認知症になりにくいというデータがあります。

● 災害時に活かされる

地震や火災などの災害は、いつ起こるかわかりません。地域で顔見知りが増えると、緊急時も声をかけてもらったり、支援されるなどの手助けをしてもらえることが多くあります。地域とのつながりは、いざという時に心強く感じられます。

■こんな人におすすめ

◆ ひとり暮らしで、１日誰とも話さないことがある。

◆ 体を動かす機会が少ない。

◆ 楽しくおしゃべりができる友だちがほしい。

◆ 共通の趣味を一緒に楽しみたい。

◆ 定期的に外出して生活のリズムを作りたい。

◆ 社会との関わりを増やしたい。

◆ 知り合いを増やしたい。

◆ 新しいことにチャレンジしたい。

◆ 特技を生かして、人の役に立ちたい。

◆ 地域の役に立つ活動をしたい。

■サロンの風景

サロンでは、参加している人同士がお互いに交流できるような場を整えることが理想です。
みんなでおしゃべりをする、関心のあることについて人の話を聞く、みんなで一緒に身体を動かすなど、サロンの内容や状況によって、次のようにさまざまな形で行うことができます。
参加者の人数は、一人ひとりが主役になり、全員が楽しめるように10人前後までにとどめると良いでしょう。

【円卓型】

円卓は上座や下座がないので序列を意識することなく、対等な関係で自由に発言したり、気軽なおしゃべりの場などにも向いています。人数の増減にも柔軟に対応できるのも魅力です。

【コの字型】

机を「コ」の形に配置し、その外周に椅子を配置するレイアウトです。発表する人と聞く人側に分かれます。互いの顔が見えるので、親しいグループなどの集まりに向いています。

【学校式】

学校のようにすべての机や椅子が正面を向いているレイアウトです。勉強会や講演会、体験談や情報提供など、一人が複数に対して話をする場合など、「私が主役です」といったサロンの形式です。

【公園式】

屋外での活動では、公園などの公共の場を活用して集まります。体を動かしたりする活動に向いています。集まっている時に会話が弾み、自然発生的なサロンとなることもあります。

【ご近所式】

子どもたちの朝の集団登校で集まるまでの時間にご近所の人たちが集まり、話し合いをすることでサロンにつなげます。子どもたちの交通安全や健康への目配りをしたり、防災や高齢者への声かけをするなど、地域のつながりを生かした活動に向いています。サロンのひと時、朗らかに登校。

理想のサロン像

1．誰でも参加できる。

2．出欠席に制約なく、自由に参加できる。

3．関係がフラットで、みんなが仲間。

4．自分を認めてもらえる。

5．地域や人とつながりができる。

【第2章】

サロンを開こう

サロンは活動をする当事者が企画して、
仲間と運営していくことが特徴です。
さぁ、あなたも、サロンの開設にチャレンジしてみませんか。

■誰もが主役のたまり場・居場所づくり

サロン活動の魅力の一つが、楽しむ当事者たちが自分たちで企画して自由に作り出せることです。これまで高齢者福祉の取り組みの多くは、自治体の職員や福祉の専門家、ボランティアの人たちが計画したり準備を整えて、興味のある人がそこに参加する形がほとんどでした。

しかしサロンには、自治体などが提案する決められたイベントに自分たちが合わせるのではなく、自分たちがやりたいことを形にしていく楽しさがあります。高齢になるとどうしても行動が受け身になりがちですが、自分たちで考え、動き、実現していくことは大きなやりがいにもつながっていきます。

また、サロンだから何かをしなくてはいけないと考え過ぎる必要はありません。サロンの最終的な目的は人々が集い、交流をすることで参加者が楽しい時間を過ごすことです。

そこに行けば誰かに会える、誰かと話ができる、話を聞いてもらえる。人と人とが出会い、知り合うことで、人とのつながりが生まれるのです。

サロンはみんなのたまり場、居場所。その中で誰もが主役になって、それぞれの役割をもって活躍ができる場であることが大切です。

あなたも私もみんなが主役であり、同時に他の誰かを支えるサポーターでもある。そんな仲間づくりができる場がサロンなのです。

■サロンのタイプを知ろう

1．自然発生タイプ

世話焼きな人など、もともと交流が広い人がきっかけになり、自然と人が集まり、何かの活動が生まれていくタイプ。たとえば公園や個人宅などで何人かがたまり場として集まっていく。地方の農村部など、人間関係が濃密な地域で比較的多くみられる傾向にあります。

2．単独タイプ

ふれあいを目的とした居場所をゼロから作り、声掛けをして人を集めるタイプ。ある程度人間同士のつながりのある地域で取り組みやすいでしょう。

3．カフェタイプ

喫茶店やレストランなど、飲食ができる場所を集いの場として、人を集めるタイプ。動機が食事や喫茶など軽い気持ちで足を運んでもらうことで、参加しやすい雰囲気を作ります。人間関係が希薄な都市部などでも取り組みやすいでしょう。

4．併設タイプ

既存の活動から派生したサロン。すでに何らかの活動をしているメンバーが、その活動の余剰金や場所を活用してサロンを作り、取り組むタイプ。それまでの活動などでの人脈を生かすことができます。

■サロン開設のステップ

さぁ、あなたもサロンづくりをしてみませんか。
ここではサロン活動を始めるための手順について紹介します。

ステップ①　サロンの目的を決める

サロンで何をしたいか。どんなサロンにしたいか。まずサロンを開く目的を決めましょう。自分がやりたいことだけではなく、周りの人たちの声や地域の状況などにも配慮し、みんなにとって意味のあるサロンづくりを目指しましょう。

ステップ②　協力者を集める

一人でサロンを運営するのは負担が大きく、継続するのが大変です。地域で一緒に活動してくれる仲間を集めましょう。複数のメンバーで運営することでさまざまな意見が集まり、活動にも幅が広がります。

ステップ③　活動の基本的な内容を決める

● 具体的な内容を決める

実際にサロンで行う活動を決めます。自分自身が取り組みたいテーマや、人が集まりやすいように多くの人が興味や関心のありそうなものをテーマにしてもよいでしょう。

● 日程・場所を決める

いつやるか、どこでやるかを決めます。場所は自分たちの活動内容に合った広さや施設環境を考えながら検討しましょう。集会場などの場所を借りる場合は、事前に申し込みをして借りる準備を整えておきます。日程は、できれば週1回、月1回などの定期的な開催が活動の継続につながります。

● 運営費を検討する

会場使用料やお茶代、内容によっては材料費や講師料が必要になる場合もあります。サロンを開催するとどれくらいの費用が掛かるかを算出し、参加者の人たちにもどれくらいの金額を負担してもらうかを事前に決めておきましょう。

※サロンの開設・運営には地元の社会福祉協議会が助成を行っています。

ステップ④　サロンを告知する

チラシやポスターを作り、掲示板や回覧板なども活用してサロンの開催を告知します。

ステップ⑤　開催の準備

事前に当日の流れや準備物、協力者との役割分担も確認しておきます。サロンの内容によって、飲食を伴う場合には食中毒予防のための衛生管理、体を動かす場合には事故が起きないような配慮、さらに感染症対策にも気を配りましょう。

ボランティア保険への加入も検討しておきましょう。

ステップ⑥　サロン当日

当日はみんなが主役。全員が主体的に楽しめるようにします。

ステップ⑦　ふりかえり

サロンを開催後は、運営者同士でふりかえりを行い、反省点や改善点を話し合い、次回のサロンに生かしましょう。

ワンポイントアドバイス　―ボランティア保険―

福祉活動やボランティア活動など、非営利の団体が主催する行事の活動中に参加者がケガをしたり、他人の身体や財物に損害を与えてしまったりした場合に、賠償責任を補償するのが「ボランティア行事用保険」です。

「ボランティア行事用保険」は、社会福祉協議会へ登録していることが加入条件となっています。

■サロン運営のここが大事！

サロンを開設、運営していくためにはいくつか大切なポイントがあります。上手にサロンを継続させるために、運営者が知っておきたいコツをまとめました。

運営者の心構え

サロンを運営するための資格は必要ありませんが、開催するにはサロンの趣旨をしっかりと理解し、運営者としての役割を理解することは大切です。

サロンは「みんなが主役」。運営者であっても自分がみんなを主導する立場である必要はなく、むしろフラットな関係を築くことが望まれます。参加者にもお客様という意識を持つのではなく、積極的に関わってもらい、一緒にサロンを作っていくという空気づくりを心がけましょう。

せっかくサロンを立ち上げたのだから、長く継続することを目標としましょう。そのためにも運営者は、最初から頑張り過ぎずにのんびりと続けること。すべてを完璧にやる必要はなく、肩の力を抜いて取り組むと良いでしょう。

特に会社生活が長かった高齢者の方の中には、自分の立場や上下関係にこだわられる方も多い傾向にあるようです。ですがサロンでは誰もが同じ立場で接し、意見を言い合える関係であることが大切です。誰でも受け入れ、その人らしさを認め合う関係こそが居心地のいい空間を作り出すということを、忘れないようにしましょう。

より良いサロンを運営していくためには、多くの人の意見に耳を傾けることも大切です。運営者やその協力者だけではなく参加者たちとの意見交換の場も持ち、みんなの声を聞き、参加者が求めるサロンの形を模索していくことが、サロン自体の成長にもつながっていきます。

ルール（規約）づくり

複数の人が集まる組織であれば、ルールづくりも検討しましょう。ルールがあることでサロンの目的や趣旨がわかりやすく、初めての人たちでも参加しやすいという利点があります。

反対にルールに縛られることで自由さが失われる危惧もありますので、無理のないゆるやかな、他人に迷惑を掛けない程度の決まり事程度に収めることをおすすめします。

それぞれのサロンの内容や参加者の考え方などを尊重しながら、ルールづくりについて検討してみてはいかがでしょう。

参加者集め

サロンに参加してもらうためには、その活動を広く知ってもらわなくてはなりません。日時や場所が決まったら、知り合いなどに声をかけてみましょう。

またポスターやチラシを作成した広報活動も有効です。チラシは会場周辺やご近所にポスティングをしたり、公共の施設などに置かせてもらいましょう。ポスターは自治体などの掲示板、集会所などに貼らせてもらいます。

その他には町内会の回覧板に載せてもらう、地元の新聞や広報だより、自治体のホームページに情報を掲載してもらうなどの方法もあります。

さらに実際に最も効果的なのが、クチコミです。知り合いやご近所の方などに声をかけて、参加を促してみるのも良いでしょう。

サロンに参加した人が、「楽しかった、また来たい」「友だちを誘おう」などと思ってもらえるように内容を工夫することも、次へとつながっていきます。

会場について

一定の人数が集まるサロンでは、それなりのスペースが必要となり、会場選びに苦労する場合があります。あまり金銭的な負担がなく、地域の中にある身近な施設はないか、自治体などに相談してみるのも良いでしょう。

駅から近く通いやすい、徒歩でも集まれるなど、参加者や活動内容に合った場所を探しましょう。

会場をお借りしたらご恩返し。何か貢献しようの心構えが、また快く会場を貸していただけます。

◆ 公共の施設

地域のコミュニティセンターや自治体や団地などの集会所などは、もともと地域の人たちの活動を支援していますので、いちばん借りやすい場所。
人が集まりやすく、机や椅子などの設備も整っているので、サロン会場として活用しやすい場所です。

◆ 学校

事前にお願いすることで、学校の空き教室などを使わせてもらえる場合もあります。活動の目的、内容などを説明し、理解を求めることが必要です。

◆ 喫茶店

おしゃべりの会や運営に関する相談事など、主に仲間たちでの会話を中心とする活動であれば、喫茶店や飲食店などを利用する方法もあります。ただし人数が多い場合は事前に予約しておくこと、また声が大きくなってまわりの人たちに迷惑にならないように気を付けましょう。飲食代は各自の負担となるため、参加者の負担が大きくならないように気を付けます。

◆ 会社

企業では会議室や研修室などのスペースを確保しているところもあります。知り合いの会社などで普段空いているスペースを借りる方法もあります。

◆ お寺・神社・教会

お寺や神社などにも行事用の部屋が用意されているところが多くあります。また広い敷地を持つ施設も多いので、体操など体を動かす屋外での活動（楽しい健康体操）などにも利用できます。活動の目的、内容などを説明し、交渉する方法もあります。ただし葬儀など急な催事が入ることもあるので、柔軟な対応が求められます。

◆ 斎場

近年、各地に増えてきた民営の斎場では、個室や広いスペースが確保でき、使い勝手の良い場所です。施設によっては友引など利用者が少ない日に活用が可能です。

◆ 個人宅

一般的にはあまりおすすめしませんが、自宅を開放して活用することもできます。ただし個人の負担が大きくなってしまうので、使用時間をしっかり決める、飲み物は持参するなどのルール作りをしましょう。

ワンポイントアドバイス —QRコードの活用—

サロン活動を告知する時、もっとたくさんの情報を伝えたいなぁと思うことはありませんか。そのような時にぜひ活用してほしいのがQRコードです。

QRコードとは情報を読み取ることができる二次元コードで、スマートフォンのカメラで読み取ることができます。たとえばサロンを告知するチラシやポスターにQRコードを付ければ、ウェブサイトやインスタグラムのページに誘導でき、多くの情報を届けること化できます。

現金を使わない電子決済にも便利なので、たくさんの人にQRコードの活用法を広められたらいいですね。

【第3章】

私のサロン事始め

初めて立ち上げた『創年のたまり場』。
みんなのやりたいことの声を集めて、
活動を広げていきました。

■高齢者サロン『創年のたまり場』の誕生

“創年”を目指して仲間と集う

もともと地域活動やボランティアに関心があった私は、2004（平成16）年2月にまちづくりコーディネーターの資格を取得しました。そして身についた新しい知識を生かしたいと考えて、翌年8月に地元の名古屋市では初めてとなる高齢者サロンを開設したのです。

サロンの名称は『創年（そうねん）のたまり場』としました。ちょっと耳慣れない“創年”という言葉。実はNPO法人全国生涯学習まちづくり協議会が提唱している造語です。“創年”の定義は、「自らの実年齢に0.7を掛けた年齢を自分の年として捉え、その豊かな経験・知識・知恵を生かして、積極的に地域社会の振興に関わる人」のことです。

私は“創年”という言葉にとても共感し、これまでさまざまな人生経験を重ねてきた方々に、「その人生の知恵と人間味を生かして、地域の子どもたちや若い世代のために活動しましょう」と呼びかけました。

人集め、場所探しに奔走

第1回の開催では、まず場所選びに頭を悩ませました。参加者が足を運びやすく、ある程度の人数が集まれるところ。しかもなるべく費用が掛からないことが望ましい。この条件を考えていた時にぱっとひらめいたのが、以前からお付き合いのあった金融機関でした。事情を話すと快く無料で会議室を貸していただけることになりました。

　また地元の地域紙にお願いして、高齢者サロン『創年のたまり場』の開催を告知してもらいました。

　＊　退屈な方、お越しください。

　＊　自宅で「何もやること」のない方、おいでください。

　＊　お友だちのいない方、おいでください。

　＊　どなたでも、勇気を出して、とにかくお越しください。

　＊　参加者は10名以内とさせていただきます。

と、参加を呼びかけました。

気軽な雰囲気づくりを工夫

　当時はまだサロン活動がほとんど認識されていない時代でしたから、「高齢者サロンを始めました」と言っても皆さん何のことかもわからなかったのでしょう。1回目のサロンに集まったメンバーは6名でした。参加の理由を聞いてみると、「何もしないで家でゴロゴロしていたら、邪魔だからこんな催しに行ってみたらどうかと家内に言われた」「定年になって、時間を持て余していたので来た」「普段、話し相手がいないので来た」などの答えが返ってきました、

　また、知り合いがいるとどうしても仲間内の話になってしまうので、知り合い同士で参加された方は、席を離す、会話の順番を変えるなどの工夫をしました。

　最初は互いに見ず知らずの人も多かったので、皆さん緊張気味でした。でもサロンを堅苦しいものにしたくなかったので、開会宣言もせず、自己紹介もしませんでした。自然と話が始まるのを待って

いると、自然と誰かが話し始めます。話し始めたらその人が主役になり、他の人たちは脇役に……。一つお話が終われば次の主役にバトンタッチ。誰もが主役になれるように声をかけ、耳を傾ければ、誰もが楽しいサロンとなります。話すことでストレスを解消し、大きな声で笑って元気を呼び戻します。サロンはいつの間にか、楽しい明るい雰囲気に包まれました。

こうして『創年のたまり場』サロンがスタートを切りました。

その後は参加者たちのクチコミのおかげで、参加者も次第に増え、また協力者も増えて、徐々に高齢者サロンの存在の知名度が高まっていくことができました。

■サロン憲章をつくる

サロンは誰もが気軽に足を運ぶ場所であってほしい。そんな思いを伝えたいと『創年のたまり場』の運営をスタートと同時に、【創年憲章】というものを作りましたので紹介いたしましょう。

【創年憲章】

一．難しい規約はありません。

一．固定した事業、事業計画はありません。

一．遅刻・早引けはご自由です。

一．無断欠席等はご自由です。

一．無責任発言は言いたい放題です。

一．入退会等も無罪放免です。

とにかく、1年後の結果、若返り保証、家族円満。

このように憲章とは言うものの、なんとも自由な集まりです。大きな決まり事はありません。実は高齢者というのは真面目な方が多い。一度決めたら守らなければいけない。約束をしたら反古にしてはいけないと、周辺への気遣いが先行してしまう人が多くいるのです。でもそれでは自分がとっても窮屈になってしまいます。

また、学歴、職歴、役職等の自己紹介はなしにして、対等な人々の集まりであることを大切にしています。

サロンの趣旨として、自由であることはとても大切です。約束事（ルール）は最小限にして、誰もが自由に出入りできて、肩の力を抜いて人と人とのお付き合いができる。その上でみんながやりがいや生きる喜びを感じられることが、私が思い描くサロンの理想です。

こうした実績を重ねたことで、地元の新聞などでも紹介してもらえるなど、小さな一粒の種から芽が伸び、育ち、いくつもの花が咲いていったのです。

■楽しいサロンづくりのコツ

楽しいサロンを実現するためにはどんなことが大切でしょうか。私自身の経験から、こんなことに気を付けてほしいと思う内容をまとめました。

①フラットな関係

サロンという環境では、会社のような上下関係も主従関係もありません。みんなが同じ立場から意見を言いあったり、役割を担ったりすることがそうした人間関係を築いていきます。

新しく入ってきた人たちも気持ちよく受け入れて、特別扱いしたり、お客様扱いをしないこと。それが居心地の良い環境を作ってくれます。

居心地のいい人間関係というのは、相手に気を遣ったり遣われたりすることなく、自分のありのままの姿で相手と接することができることではないでしょうか。

②約束事は最小限に

さまざまな人が出入りするサロンを運営していくためには、何もかも自由というわけにはいきません。ある程度の約束事（ルール）を作ることは必要になります。しかしそれは参加者が自由に活動するための最低限のルールであってよいと思います。

特に自分たちだけではなく、周りへの気遣いという意味でのルール作りが必要なのではないでしょうか。

私はご協力いただく皆さんに、次のようにことを呼びかけていました。

- 誰が来ても「あの人は誰？」という目をしない。
- プライバシーを聞き出さない。
- その場にいない人の話をしない。

自分がされていやなことは自分も相手にしない。人間関係を築く上での大切な基本です。

③中核メンバーの役割

サロンの発起人、運営者だけが頑張っても、実はサロンはうまくいかないことが多いのです。リーダー格のような一人突出した人物がいると、周りがその人に依存してしまうからです。むしろ運営者とは別に、メンバーの中からまとめ役などを担う中核メンバーが出てきてくれると、まわりの人たちも意見が言いやすくなり、サロンの風通しもよくなります。

中核メンバーはサロンの理念をリーダーと共有し、情報共有や意見交換、振り返りなどをしてサロンの方向性などを運営者と共に考えていきます。

中核メンバーの方たちには次のような心構えを持つことをすすめ

ています。

＊　みんなが主役。みんなでつくる。

＊　頑張り過ぎない。無理をしない。

＊　最初から完璧を求めずに、やっていきながら中身を作り上げていこう。

＊　来られる人、いる人でやっていく。やれるように、やりたいように。

＊　みんなが意見を言えるような雰囲気をつくる。

＊　誰でも受け入れ、その人らしさを認め合う。その人の力を生かし合う。

④会計

サロンを立ち上げ、運営していく際の資金については、貴重な活動資源です。またお金のトラブルが起きると会の人間関係にも重大な悪影響を及ぼしかねません。

会費などを集める時は、参加者同士で話し合い、なぜその金額なのか、どのように使うのかなど、しっかりと情報を共有しましょう。また、お金の管理にあたっては複数の人が当たるなど、透明性を維持することを心がけましょう。

■サロンで広がるボランティアの輪

社会福祉協議会では高齢者サロンの役割を人々の交流の場、仲間づくりの場として捉えています。でも私はそこからもう一歩踏み出して、高齢者の人たちが集まっておしゃべりをするだけではなく、私たちのこれまでの人生経験を生かして社会のために役立つアクションを起こしたいと考えていました。

年齢を重ねるほどに、多くの高齢者は社会との接点が減っていきます。だからこそ年を重ねても社会と関わり、社会貢献ができる場があることは生きる喜びにもなります。

会社を退職したり、子どもたちが巣立って夫婦二人きりの暮らしだったりと、人生の後半戦に差し掛かってくると生きがいと呼べるものがだんだんと少なくなっていきます。そんな時に同世代の仲間たちが集まってワイワイガヤガヤ意見を出し合い、社会のために何かできないかと考えることは、本当に楽しいことなのです。

そして実際に仲間たちと一緒に活動をすることで、社会のために役に立っているという実感が大いなる生きがいとなっていきます。『創年のたまり場』では集まったメンバーたちで『創年クラブ』を結成し、おしゃべりをする中で「街中を歩いていてこんなことに気が付いた。良い改善策はないだろうか」「地域ではこんなことに困っている。自分たちが役に立つことはないか」など、生活の中で気づいた出来事から話し合いをすすめて、それが社会のためのボランティア活動につながっていった例がいくつもあります。

たとえば私はサロンから発展して、『正三郎一座』『元気街づくり企画室』『ピンコロ人生を楽しむ会』などの活動を行いました。
『正三郎一座』ではメンバーで高齢者施設を訪問し、舞踊やどじょうすくい、手品などそれぞれの特技を披露して、施設の方々に喜んでいただきました。

私は迷司会者・チャーリー小野になったり、お話し手品師・スッ天功小野と命名されたりして人気者となりました。

『元気街づくり企画室』は安心・安全・快適な福祉の街づくりを目指し、地域の課題を発掘して、その対処のために行動しました。具体的には交通安全街頭活動や違反広告物の見回りなどを行いました。
『ピンコロ人生を楽しむ会』では、ピンピンコロリを目指して体操をしたり、おしゃべりをして老化予防に努めます。

新たな組織では、リーダーも新たに選出します。そうすることで仲間の輪がさらに広がり、社会のために役立つ多様な活動が生まれていきました。

ボランティア活動といっても、難しいものではありません。自分の体が動く範囲で、自分の都合のつく時間の範囲で、負担と感じるようなお金はかけずに、それでも十分に社会のためにできることはたくさんあります。

さらにこうした取り組みが、新しい仲間づくりややりがいにもつながっていきます。

助成金を受ける場合はその条件としてさまざまな制約がありますが、助成金を受けなければ自由にさまざまな活動を行うことができます。

■みんなで目指そう！　サロンの達人

愛知県の高齢福祉課が2006（平成18）年度からはじめたボランティア養成の取り組みとして『まちの達人』があります。地域活動やボランティア活動に関心が高い、主に60歳以上の人を対象に養成研修や現場体験を行って、カリキュラムを修了すると『まちの達人』に認定される、というものです。実は私自身もこの研修を修了して『まちの達人』の一人となったのですが、このアイデアを拝借して『サロンの達人』を養成できたらいいなぁと考えています。

こんな人がいたらサロンが盛り上がること間違いなし！　の技量を持った人が『サロンの達人』です。私がイメージする『サロンの達人』とは次のような人たちと考え、サロンに取り入れました。

＊　盛り上げの達人……静かな会合を楽しく盛り上げる。
＊　拍手の達人……タイミングよく、拍手する。拍手を誘導する。
＊　質問の達人……質問者がいないと質問する。相手が喜ぶ質問や誉め言葉で、場の空気を和らげる。
＊　笑う達人……笑いで場を盛り上げたり、明るい雰囲気を作る。
＊　居場所作りの達人……たまり場、サロンづくり、場所づくりを率先して行える。
＊　企画・アイデアの達人……新しいアイデアや企画を出せる。

さあ、皆さんはどんな達人になれそうですか。自分の得意をいかして、その分野の達人を目指しましょう。さまざまな達人が集えば、サロンにも新しい風が吹くことでしょう。

ワンポイントアドバイス　―助成金制度―

サロン活動を行う上で、どうしても金銭的な負担が避けられない場合があります。活動が軌道に乗れば、参加者から会費を集める方法もありますが、特にスタート時は開設者の負担が大きくなります。

サロン事業は全国社会福祉協議会によって推奨されていることから、さまざまな支援を行っています。その一つが開設費用や運営費用の一部を助成する制度で、開設助成金と運営助成金の2種類があります。

開設助成金は開設のために必要な物品の購入経費を助成します。運営助成金は消耗品費、材料費、印刷費、外部講師への謝礼、備品購入費、会場費などサロンの運営のためにかかる費用の一部に使用できます。

助成金の受給には実施主体や開催回数、報告書の提出などいくつかの条件があり、社会福祉協議会への申請が必要です。

――サロン番外編――

地域の安全・安心を支援する『子どもの居場所づくり』

サロンというと、同じメンバーが決められた場所・時間に集まって、みんなで一緒に活動する、というイメージがあるかもしれません。しかしサロンを“たまり場”と定義すれば、もっと自由な発想でさまざまな活動に広げることができるのではないでしょうか。

その一例として、私が地域で行っていた取り組みを紹介しましょう。

私は数年前、地域の子どもたちの安全や安心を支援する活動をしたいと考え、小学校の見守り隊に参加しました。その時に子どもたちの下校時の通学路の一部を子どもたちの“たまり場”、すなわちサロンづくりにする取り組みを行ったのです。まず近隣の子どもたちの通学路を検証し、車などの往来が少ない安全な場所を選んで“たまり場”を確保しました。下校時間に合わせて、子どもたちが通過する10分ほど前にその場所に足を運び、遠くから下校する子どもたちの姿を見守ります。大人の視点から、横断歩道を安全を確認してきちんと渡っているか、車に注意しながら右側通行で歩いているか、道からはみだして歩いてないかなど危険な行動を注意深く観察しながら、子どもたちが私のいる場所まで来るのをゆったりと待ちます。子どもたちには、“このおじさんは安全な人”と認識してもらうために、青少年育成アドバイザーの帽子をかぶり、ジャケットを着用します。それに学校から配布された見守り隊のタスキを掛けて、自らの身分を明確に示します。

そしてもう一つ、私には頼もしいパートナーがいます。飼い犬のシェットランド犬“翔”が、我が相棒として活躍してくれます。

最初の頃は子どもたちが私たちの前を通る時に、「お帰り」と声をかけると、「こんにちは」とあいさつしてくれる子も、黙って通り過ぎる子もいます。それでも犬に興味のある子は自然と“翔”を囲んで輪になります。

「翔ちゃん、大人しいよ。絶対にかまないから安心だよ。触っていいよ」と声をかけると、恐る恐る頭を撫でる子もいます。

週に1、2回、たまり場に立ってこのような交流を続けていると、徐々に子どもたちとの距離が縮んでいきます。こちらから声をかける前に、「おじさん、こんにちは。翔ちゃんただいま」と笑顔で近寄ってきます。さらにそのうち、何人かの子どもたちは学校での出来事や家族のことなども、積極的におしゃべりをしてくれるようになります。

自然な会話、表情から子どもたちの様子を観察すると、時に暗い顔、元気のない顔に出会うこともあります。

「どうしたの？」「何かあったの？」と尋ねると、子どもたちは自分の思いを吐き出してくれます。先生でもない、家族でもない、ただのおじさんだからこそ、自分の気持ちを正直に吐き出すことができるのでしょう。私は聞き役に徹して、笑ってうなずいていると、子どもも安心しておしゃべりをして、すっきりと満足した顔で帰っていきます。公園で子どもたちとわんちゃん交流も行い、動物愛護のお話もしています。

最近の子どもたちは自由に遊ぶ場所もなく、限られた人間とだけしかかかわらず、狭い世界の中で生きています。そんな中で少し息苦しくなった時、自分自身をさらけ出せる場所が身近にあればちょっと息抜きができるのではないでしょうか。それが子どもたちの居場所＝サロンづくりの効果です。

また、近所の子どもたちと顔見知りになると、町であっても声を掛け合って中学生、高校生になってもその人間関係は続きます。世代を超えた交流は、地域に活力をもたらし、居心地の良い街づくりにもつながっていくように感じています。

サロン講座でのお話

サロン研修で講師を務めた時、ご近所との交流についてこんな話をさせていただいたことがあります。ある日の午後、近所の小学生の男の子二人が「おじさん、鍵を忘れて家に入れない。どうしよう……」と我が家に飛び込んできました。私は「おじさんのお家で、お父さん、お母さんか帰るまで遊んでいなさい」と対応したと話したところ、ある人が「それは大問題だ！」と言うのです。

なぜですか？　後でお母さんが迎えに来て、感謝の言葉を言われました。「最初に申し上げたでしょう。サロンで子どもたちに信頼されています。子どもたちはお家の方にも話していて、日頃から近隣の皆さんと親しい関係にあるから、困った時に手を差し伸べてもトラブルにはならず、感謝されるのです」と私は答えました。

サロンの価値を知るエピソードだと思いませんか。

サロン運営のポイント

1．とにかく始めることが大切！

2．継続することも大切。無理せず身近にあるもので、
　できることからやる。

3．地域のニーズを汲み取る。

4．最初から行政を頼らず、自分たちでできることから
　考えよう。

5．近隣との交流を大切に。

【第4章】

サロンの未来図

サロンの可能性は無限大。

より良い暮らしの中の

未来のサロンの在り方を探ります。

■孤独解消！　情報化時代のサロンの可能性

コロナ禍で見つけた新しいサロンの形

サロンの目的の一つが、人々の交流、つながりです。特に高齢になるとどうしても活動範囲が狭まり、新しい出会いや新しい体験の場が限られてしまいます。そこで出会いや体験のきっかけづくりとしての役割を高齢者サロンは担っています。

ところが2020年初冬から新型コロナウイルス感染症が出現し、サロン活動にも大きな影響をもたらしました。国は感染拡大を抑えるために人と人との接触を最低限に抑えることを求め、その結果として数多くのサロンも活動休止へと追い込まれてしまったのです。

それと同時に社会では、コロナ禍においてどのようにして人々の暮らしや経済活動を回していくかという課題に直面しました。その結果、これまで進化を続けてきたICT（情報通信技術）をさらに発展させることに力が注がれました。特にSNSなどのインターネットを活用して、人と人との直接的な接触を減らしつつもコミュニケーションを深めていく方法を、幅広く社会で活用していくことが模索され始めたのでした。

さて、こうしてアフターコロナの時代を迎え、サロンもまた新しい方向へと向かう時代が来たともいえます。コロナ禍で私たちが学んだことは、現代の情報技術を駆使すれば、人と人とのつながりも上手に維持することが可能だということです。

株式会社NTTドコモモバイル社会研究所による2021年の調査では、スマートフォンの使用率は60代で8割、70代で4割の割合と、高齢者の普及がすすんでいます。こうしたさまざまなIT機器を活用することで、新たなサロンの可能性が広がっていくのではないでしょうか。

ICTを活用したサロン活動

これまでのサロン活動でも、サロンに参加したいという意欲はあっても、参加ができないという声を聞くことがありました。その理由としては、足や体が不自由で遠出するのが難しいなど自分自身に理由がある場合もあれば、自宅に介護しなければならない家族がいて長時間の外出が難しいなど、家庭の事情によることもあります。

外出がままならなければ、どうしても人との接点が減り、日々を一人で過ごすことが多くなってしまいます。こうした方こそサロンに参加して日頃のストレスを発散させていただきたいのですが、それを叶えることが難しいのが現実でした。

しかしパソコンやスマートフォン、タブレットを使えば、直接人と会うことはできなくても、顔を合わせておしゃべりをしたり、一緒に歌を歌ったりすることができます。

話し相手がいない、自宅にずっといて気分転換ができない、誰かと一緒に思いっきり笑いたい——。そんな思いを抱え、今、孤独を感じている皆さんにきっと役に立つ、新しいサロンの形を提唱させていただきます。

● LINE（ライン）を使った交流

LINEはパソコンやスマートフォン、タブレットなどで利用できるコミュニケーションアプリです。国内で普及しているSNSの中で最も多く利用されています。

LINEにはチャット（リアルタイムでメッセージのやり取りができる機能）や、音声通話、ビデオ通話が無料で利用することができます。チャットでは画面に文字を打ち込むため、初めは難しいと感じられる人もいるかもしれませんが、慣れればとても便利な機能です。

一般的には個人的なやり取りや家族の連絡用に使う人が多いですが、LINEには複数人が同じ画面で共有しながらトークできるグループトークの機能があり、それをサロンのように活用することも可能です。複数人でグループを作り、チャットでの交流。まるで井戸端会議のようにみんなでワイワイとトークを楽しむことができます。

週に1回、曜日と時間を決めて、○○サロンなどとグループを決め、それぞれが自由な場所からアクセスして、みんなで会話を楽しむことができます。

● Zoom（ズーム）を使った交流

Zoomは、パソコンやスマートフォン、タブレットなどで利用できるアプリケーションです。テレビ電話のように画面に顔が映り、リアルタイムで会話もできます。もともとオンラインでセミナーや会議をするために開発されているため、複数の人数で同時に利用することができるのでサロンの活用にも向いています。

また事前に登録を行わなくても、招待リンクをクリックするだけで誰でも参加できるため、これまでZoomを使ったことがない人でも簡単に利用することができることも特徴です。

Zoomには無料版と有料版があり、通話時間の制限や使える機能に違いがあります。無料版では40分の時間制限がありますが、上手に活用すれば十分に楽しむことができます。

画面が共有できるのでおしゃべりだけでなく、趣味の作品を発表したり、一緒に歌を歌うなどの楽しみ方ができます。それぞれに好きな飲み物を用意して、一緒にお茶会を楽しんでもよいでしょう。一人ひとりの顔を見ることができ、親近感もきっと増してくるはずです。

ただしZoomでは参加者全員の顔が画面に映し出されるため（画面表記を拒否することも可能）、パソコンやタブレットと比較して画面がそれほど大きくないスマートフォンでは、参加者が多いと相手の顔がわかりにくいなど、使い勝手が悪くなりがちです。

こうしたデメリットにも配慮しながら、誰もが快適に楽しめるサロンのあり方を検討していくことも必要でしょう。

● YouTube（ユーチューブ）の活用法

YouTubeはグーグル社が運営している世界で最も普及している動画サービスです。自分で撮影した動画データをYouTubeにアップすることで、世界中の人々にその動画を見てもらうことが可能です。

サロンでのYouTubeの活用法としては、カラオケなどの音楽を楽しむ時の演奏を探す。健康体操の動画を見ながら、みんなで体を動かすなど、みんなで落語を楽しむなど、いろいろなことが考えられます。

またサロンでの活動を動画にしてYouTubeにアップして、参加者を募る宣伝に活用してもよいでしょう。私も動画を作成してYouTubeにアップして、皆さんの感想を聞くことを楽しみにしています。

このようにICTの活用によって、サロンにもさまざまな可能性が広がっていきます。特にこれまでいろいろな事情からサロンに参加することが難しかった人たちに、こうした技術を使ってサロンに参加していただき、孤立解消に役立ってくれたらと願っています。スマートフォンやパソコンは高齢者の人は苦手、難しいと思われるかもしれませんが、実際にやってみたらとても便利、子どもや孫たちとの連絡にも活用しているという声も多くあります。

ちなみに厚労省でも2020（令和2）年に「オンライン通いの場」のアプリを公開するなど、情報ツールを活用したサロンの取り組みに力を入れているようです。

これからも新しい技術はどんどんと取り入れて、サロンの活性化につなげていくことが望まれます。

■老人ホームにサロンを作りませんか

全国でサロン活動が推奨されるようになってから約30年。各地でその取り組みが広がっていきました。しかし新型コロナウイルス感染症の広がりが、サロン活動に大きなダメージを与えてしまいました。

高齢者が主役となるサロンでは、本人たちの努力ややる気だけでなく環境もとても重要で、運営者が入院してしまった、施設が借りられなくなってしまったなど、さまざまな事情から継続が難しくなってしまう例は意外と多いのです。

2025年問題、いわゆる団塊の世代800万人がすべて75歳の後期高齢者となる時代ももう目前です。私はそうした時代を迎える前に、アフターコロナの社会の中で、改めてサロン活動を活性化して再スタートを切るべきではないかと考えています。

私が長年心に秘めた構想の一つが、老人ホームを活用したサロン活動です。地域にある老人ホームや介護施設にサロンを開設し、施設利用者と近隣の高齢者が一緒になってサロン活動に参加するというものです。

この構想のベースにあるのが、厚生労働省の介護保険制度における『介護予防・日常生活支援総合事業』です。厚労省では、「高齢者の介護予防が求められているが、社会参加・社会的役割を持つことが生きがいや介護予防につながる」として、「多様な生活支援・介護予防サービスが利用できるような地域づくりを、市町村が支援することについて制度的な強化を図る」としています。

私はこうした国の方向性のもと、いまや全国に数多くある老人ホームなどの高齢者向け施設でサロンを開くことを提案します。

この構想のメリットは、まずサロン活動をするための場所探しが必要ないこと。施設の食堂やプレイルームなどの共有スペースを活用することが可能です。

また、外部からサロンを活用する人たちが集まることで、施設内の人たちもさまざまな人たちと触れ合い、おしゃべりをしたり体を動かしたりと、日常の施設の生活とは違った刺激を得ることができます。

施設にとっては、利用者の方々の日課や自由時間、テレビ鑑賞の時間にサロンを取り入れることで、生活に変化や刺激をもたらします。同時に地域との交流を通じて施設への理解を深めてもらうことで、近隣とのトラブルや苦情などを防ぐ効果も期待できます。

高齢者施設でのサロンの設置は、それぞれの立場からもメリットが考えられ、ぜひとも推進していただきたいと願っています。

私は長年、高齢者施設に関して研究し、利用者に必要な施設の選び方をお話ししたり、世界に誇れる老人ホーム構想の提言を行ってきました。

これから高齢者人口がピークを迎えるにあたり、高齢者が生き生きと元気に過ごすための環境はとても大切です。その方策としてサロン活動はとても有効な事業であり、また地域資源の活用という側面からも、地域にある高齢者施設（老人ホーム、介護施設など）を活用し、もっと多彩で豊かなサロン活動の仲間が広げられること望みます。

■サロンを活用した世代間交流

社会福祉協議会が推奨するサロンは、高齢者サロン・子育てサロン・障害者サロン・共生型サロンの4つに分類されていますが、サロン活動の約8割以上が高齢者サロンで占められているのが現状です。そのためサロンというと、一般的には高齢者の集まりという印象が強くなってしまっているようです。

確かに同じ世代の仲間との交流は気が置けず共通の話題も多くて居心地が良いものですが、いろいろな世代の人と話すことも大いに刺激になって楽しいものです。サロンという場を高齢者のものと限定するのではなくもっとオープンにして、さまざまな世代が交流できるように工夫ができるといいなぁと思います。

たとえば先に紹介した高齢者施設でのサロンの開催も、地域の子どもたちや若者、ボランティアの人たちの参加が実現できれば、異なる世代の交流が実現します。

こうした世代間での交流を実現するためには、地域を巻き込むことが効果的です。町内会や子ども会など、地元で活動している方たちに一緒にサロンをやりませんかと声をかけて、賛同者を増やしていくのも方法の一つです。

サロンを高齢者だけの集まりにするのではなく、幅広い世代の仲間たちが自由に集まれる、そんな場所になればサロンの可能性はもっと広がっていくと思うのですが、いかがでしょうか。

■こんなサロンがあったらいいな

私事になりますが、これまで長年にわたってボランティアの立場から地域活動や青少年育成、老人福祉などに関わってきました。その中でこんなことができたらもっと町が良くなるのに、人々が安心して暮らせるのにと感じることがいくつもあり、実際に活動も行ってきました。しかしそれでも私一人の力では限界があります。

サロンは自由に人が集まり、仲間と共に自由にやりたいことがやれる場所です。そしてそこに集まる皆さんは、社会のために役に立ちたい、やりがいのある取り組みに参加したいと思われている方がたくさんいることに気づきました。そんな皆さんと一緒にこれからもサロン活動を通じて社会貢献ができればいいなぁと考えています。

これまでも私の考えに賛同してくれた仲間と共に、サロンのような形で行ってきた活動がより多くの人たちと共有できれば、社会ももっと良い方に変化して、やりがいのある社会貢献にもつながっていくのではないでしょうか。経験も踏まえて、私がイメージする社会に役立つサロンには次のようなものです。

●　子どもと子育て応援団

現代は核家族化がすすみ、おじいちゃん、おばあちゃんと一緒に暮らす子どもたちが少なくなっています。サロンを通じて高齢者と若い世代の人たちや子どもたちが交流。サロンで子どもやその子育てに悩んでいるお母さん、お父さんの相談に乗ったり、子どもたちに昔の遊びを教えたりしてはいかがでしょう。地域に顔見知りが増えることは子どもたちにとっては通学時の安心・安全となり、また高齢者にとっては災害時の助け合いにもつながります。

● 高齢者の交通安全教室

交通事故で亡くなる人の、なんと5割以上は65歳以上の高齢者だそうです。年齢を重ねると運動能力や判断力が低下して、事故に遭う危険性が高まるのです。こうした現状を踏まえ、高齢者を対象とした交通安全教室や正しい交通ルールの学び合いなど、サロンを通じて広げていければいいなぁと考えています。

● まちの安心・安全見守り隊

私が『創年クラブ』で立ち上げた『元気街づくり企画室』で、安心・安全・快適な福祉の街づくりを目指した活動の一つに、違反広告物の見回りがあります。歩道にはみ出したのぼりや、許可のないポスターなどの違反物を仲間と共にチェックをする活動です。何気なく毎日歩いている道でも、知識があれば安心・安全の見守りができます。自分の暮らす地域、まちに関心をもってより良い暮らしを支えていくサロン活動をぜひ皆さんのアイデアで企画してみてはいかがでしょう。

このようにサロンから生まれた地域活動の可能性は無限大。あなたが主役、仲間が主役の、生き生きサロンの誕生を心から楽しみにしています。

※注＝サロンの内容によっては助成金の対象外となることもあります。

【運営者】

Q．サロンに人が集まりません。どうしたらいいですか。

A．必ずしも最初から人が集まるとは限りません。焦らずに、少ない人数でもコツコツと続けていくことが大切です。その上で、地域の新聞や掲示板などを活用して、広報活動にも力を入れましょう。

誰か一人でも知り合いがいれば足を運びやすいもの。知り合いなどに声をかけ、何人か一緒に参加してもらうのも良いでしょう。

サロンに参加するきっかけでいちばん多いのはクチコミです。「こんな活動をしています」とご近所などにアピールするのも効果的です。

Q．ひとつのサロンの人数はどれくらいが適当でしょう。

A．一人ひとりの顔が見える関係が理想。活動内容にもよりますが、6人から10人程度がちょうどよい人数です。サロンに行ったのにひとことも話さなかった、ということがないように一人ひとりが話をして、みんなが聞けるくらいの距離感ができるとよいでしょう。

15人、20人と人数が増えてきたら、サロンを分けて活動するのも選択肢の一つです。

Q．サロンが盛り上がらない時の対処法を教えてください。

A．リーダーや進行役とは別に、会の仕掛人をお願いしておきましょう。サロンの達人（P43）のような盛り上げ役がいると、一気に場の空気を明るくすることができますよ。

【参加者】

Q．サロンの進行役に選ばれました。気を付けることはありますか。

A．サロンではみんなが主役。進行役の人は、取り残されている人がいないかの目配りが求められます。居心地が悪そうにしていたら声をかけ、自然な形で輪の中に加われるように導きましょう。

言葉かけや表情はなるべく穏やかに、暖かく居心地の良い居場所という雰囲気づくりも大切です。

Q．楽しくサロンに参加するために注意すべき点は何でしょう。

A．家族のこと、仕事のことなど、あまり話したくない人もいます。まだ付き合いの浅いうちは、プライベートなことを尋ねたり、立ち入った話をするのは避けましょう。自分が聞かれて嫌なことは相手にも尋ねないことです。

またかつて勤務していた会社の話や、肩書きなどの話も避けた方が良いでしょう。

理想的な大往生

私が高齢者サロン『創年のたまり場』で出会った仲間たちと始めた活動に『ピンコロ人生を楽しむ会』があります。
「人生最後はピンピンコロリといきたいものだ」とみんなで話し、私が思い描く自分の未来についてお話しすると、「大賛成！」と声が上がり、日々『理想的な大往生』を目指して生きています。

皆さんにも共感していただけたら幸いです。

88歳の誕生日―盛大に米寿のお祝い。感謝の日。
誕生日の翌日―昨日はありがとう。床につくから１週間側にいて。
誕生日から２日目―みんなご苦労かけたな。財産残せなくて堪忍。
誕生日から３日目―お墓は○○霊園に作ってあるからよろしく。
誕生日から４日目―葬儀は家族葬でお願い。葬儀代は預金してあるから。
誕生日から５日目―みんな楽しく、仲良く、良い人生を送ってね。
誕生日から６日目―８時だよ、全員集合。世話になったな。ピンピンコロリと極楽往生。

※著者は88歳としましたが、「卒寿」「白寿」「紀寿」は本人が決めます。

旅のもてなしプロデューサーの企画と終活プランナーのお話など、企画があります。関心のある方は、ご遠慮なく、お問い合わせください。資料提供も行います。

【おわりに】

私はサロンを学び、サロンを開きました。そしてサロンで仲間と共に若返り、創年となりました。私は“創年第1号”として、地域のために力を発揮して、創造的に生きる人生を実践しています。

人生をリフレッシュして、これからの生き方を探し、新しい自分づくりに挑戦するのが創年です。少子高齢化の時代、私たちは老人や高齢者と呼ばれるのではなく、創年として生き、地域の青少年と共に活躍し、生涯にわたって自分が輝き続けるよう努力することが使命だと感じています。

そのためには“サロン”が重要な役割を果たしてくれることは間違いありません。

サロンは自由な場で、人を拒みません。どんな人でも参加でき、どんなことでもできる、とても間口が広くて、懐の深い存在です。

コロナ禍で外出する機会が減ってすっかり足腰が衰えてしまったと弱気になっている方も、友だちとの交流が減ってしまったと嘆いている方も、きっとサロンが救いの手を差し伸べてくれるでしょう。もし自分に合ったサロンが見つからなければ、理想のサロンを作ってしまう方法もあります。

日本のサロンには30年の歴史があり、私は20年にわたってサロンを運営してきました。その総括ともいえるのがこの本です。

これからどんどん少子高齢化がすすんでしまう世の中で、我々高齢者も次世代のためにまだまだ頑張っていかなくてはいけません。

高齢者も元気で明るく、社会のために役立つ存在であることを目指さなければならないのです。

たとえば日本では遅れているITの活用。スマートフォンがあれば外出先でもいろいろな情報が取得でき、QRコードで支払いの決済もできる。そんな情報を高齢者同士で共有し、楽しく便利な暮らしを実現していくこと。そのためにサロンを一人でも多くの人に活用してほしいと考えています。私は今、AIについても勉強中です。

全国のサロン運営者はもとより、社会福祉協議会のサロン担当者の方、民生委員・児童委員・主任児童委員の方、町内会長・自治会長、青少年育成関係者、PTA関係者の方など、未来をよくしたいと考えるすべての方に、サロン開催の必携書としてこの本をお届けします。

皆さんと、皆さんの住む地域とに、明るい笑顔と活力があふれることを祈ります。

希望多老人（小野硯鳳）

追伸　サロンに「QRコード」の活用、更にAI活用の取り組みも進めています。

小野碩鳳の本　好評発売中

懲りずに30年 福祉のよろこび
～子どもたちとのふれあい～

四六判・228頁
本体価格1000円・2001年
ISBN978-4-8355-2155-2

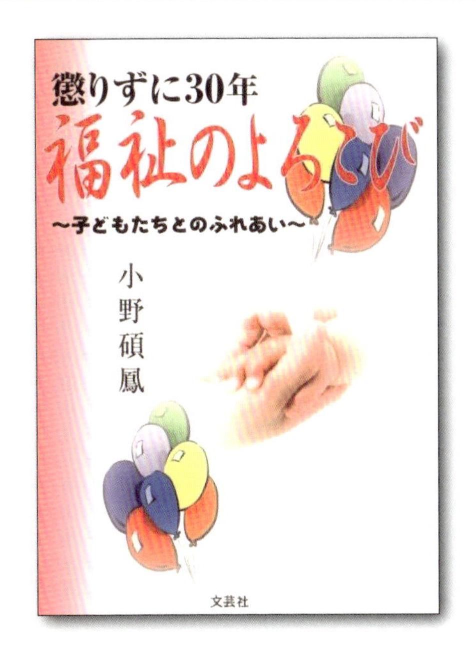

世話焼きおじさん ボランティアを語る

四六判・204頁
本体価格1200円・2022年
ISBN978-4-286-23684-1

希望多老人の本　好評発売中

老後まで安心して生きるヒント教えます

～制度や施策を知れば、生き方も変わる～

四六判・１８８頁
本体価格１２００円・２０２４年
ＩＳＢＮ９７８－４－２８６－２４５６６－９

文芸社 好評発売中！

購入はAmazon他ネットでできます。
印税は、社協に寄付します。

来年（2025年）刊行予定

☆絵本
「ひまわり　すくすく　成長してね」

☆「日々の幸せを求めて地域意識で住み良い街」

乞うご期待!!

著者プロフィール

希望多老人（きぼうたろうじん）

元社会福祉法人理事長・施設長（自称超プロ）

【相談内容】

施設運営関係・有料老人ホーム（高齢者施設の現況と課題の取り組み）・社会福祉法人新会計・福祉サービス第三者評価事業．受審指導・アドバイス・福祉サービス・外部監査（税務・社労・司法書士紹介）・サロン支援・パソコン教室・便利屋・その他（福祉全般（相談・支援・指導））

【活動関係】

緑区生涯創年・生涯現役推進会・名古屋市違反広告物追放推進員・終活ライフケアプランナー・愛犬飼育管理士．ペット看護士・まちづくりコーディネーター・地域サービス向上委員会・旅のもてなしプロデューサー・愛知県まちの達人・地域推進員（さわやか財団）・人にやさしい街づくりアドバイザー・青少年育成アドバイザー・介護予防関係の高齢者サロンの支援・名古屋福祉コンサルタント協会・南京市の福祉関係者と交流・広州市の病院・老人ホーム（多数）運営団体「名誉顧問」

http://sekihou123.blog75.fc2.com/

http://sekihou.org/

http://sekihou.org/nankimhp/matikan/top.html

【私の主張　？？？】

生涯現役・生涯創年・生涯勉強

本文イラスト：shiron　イラスト協力会社：ラポール イラスト事業部

楽しい「サロン」活用法

2024年10月15日　初版第１刷発行

著　者　希望多老人

発行者　瓜谷 綱延

発行所　株式会社文芸社

〒160-0022　東京都新宿区新宿1－10－1

電話　03-5369-3060（代表）

03-5369-2299（販売）

印刷所　TOPPANクロレ株式会社

ISBN978-4-286-25300-8